DATES CLÉS DE L'HISTOIRE

LE KRACH DE WALL STREET

29 OCTOBRE 1929

Alex Woolf

GAMMA · ÉCOLE ACTIVE

DATES CLÉS DE L'HISTOIRE

HIROSHIMA   TCHERNOBYL
LA CHUTE DU MUR DE BERLIN   LE KRACH DE WALL STREET
L'INVASION DU KOWEÏT

© Hodder Wayland, London, 2002
Titre original : *The Wall Street Crash*.

© Éditions Gamma,
60120 Bonneuil-les-Eaux, 2003,
pour l'édition française.
Traduit par Jacques Canezza.
Dépôt légal : septembre 2003.
Bibliothèque nationale.
ISBN 2-7130-1977-X

Éxclusivité au Canada :
Éditions École Active
2244, rue de Rouen, Montréal,
Qué. H2K 1L5.
Dépôts légaux : septembre 2003.
Bibliothèque nationale du Québec,
Bibliothèque nationale du Canada.
ISBN 2-89069-726-6

Loi n° 49-956 du 16 juillet 1949
sur les publications destinées à la jeunesse.

Imprimé en Italie.

Couverture : Un investisseur ruiné par le krach tente de vendre sa voiture.
(Corbis/Bettmann Archive).
Page de titre : La foule à Wall Street assistant au krach du 24 octobre 1929.
(Corbis/Bettmann Archive).

Crédits photographiques :
AKG London 12, 21 (Erich Salomon) ; Alfred P Sloan, Jr/Museum Flint 30 ; Art Archive
8 h (Tate Gallery London/Eileen Tweedy) ; Associated Press 20 g ; Bettmann Archive 23 ;
Corbis 13 h (Library of Congress), 15 b (Underwood and Underwood), 27 Hulton-Deutsch
Collection), 39 (Hulton-Deutsch Collection), 40 (Museum of the City of New York), 46
Bob Krist ; Corbis/Bettmann Archive 7, 14, 16, 18, 20 d, 22, 24 h, 26 b, 28, 31 g et d,
32 b, 35, 36, 37 h et b ; Mary Evans Picture Library 8 b, 26 h ; MPM Images 24 m ;
Peter Newark's American Pictures 9, 10 h et b, 29 b, 32 h, 33, 34, 38 ; Popperfoto 42 b
(Mike Segar/Reuters), 43 (Peter Jones/Reuters) ; Topham Picturepoint 6, 11, 17 (UPI), 25,
41, 42 h. Maquette réalisée par Michael Posen.

Sommaire

AU CŒUR DU QUARTIER FINANCIER de New York, Wall Street était d'habitude le dimanche aussi tranquille qu'un cimetière. Mais ce dimanche 27 octobre 1929, la rue était une véritable ruche. Les banquiers, les agents de change et les employés de bureau avaient renoncé à leur week-end et travaillaient comme des forçats dans leurs bureaux. Les garçons de course sillonnaient les rues. La police municipale autorisait exceptionnellement le stationnement et des centaines de voitures avaient envahi le quartier. Des badauds regardaient avec curiosité l'immeuble de la Bourse, le théâtre des drames provoqués par la panique financière de la semaine précédente.

Les rues étaient jonchées de bandes de téléscripteur, des bouts de papier indiquant le cours des actions.

Certaines personnes les ramassaient et les empochaient comme souvenirs. Des cars de touristes circulaient dans le quartier et les guides montraient à leurs passagers la Bourse « où tout cet argent avait été perdu la semaine précédente ». Les propriétaires de restaurants profitaient de l'opportunité et ouvraient leurs portes. Dans les églises, les pasteurs délivraient des sermons sur la punition divine infligée à ceux qui avaient perdu les valeurs spirituelles dans leur poursuite obstinée de la richesse. La Bourse de New York vivait les conséquences d'une semaine terrible.

Depuis cinq ans, la bourse de Wall Street était au centre d'une activité incroyable. Des centaines de milliers d'Américains avaient spéculé en Bourse. Plus ils achetaient de titres, plus les cours montaient

et plus les cours montaient, plus ils achetaient.
Il semblait impossible d'arrêter cette spirale. Mais
le 24 octobre, après un mois d'agitation, la peur envahit
la Bourse. Les actionnaires paniqués commencèrent
à brader leurs titres et les cours s'effondrèrent.

Personne ne savait ce qui avait provoqué cette panique
mais, ce dimanche 27 octobre, presque tout le monde
pensait que cet épisode était terminé. Au cours des
deux jours précédents, les banques avaient essayé
de calmer les spéculateurs. L'ordre était rétabli
et les journaux faisaient des prévisions optimistes.
Les Américains pensaient que le jeudi noir ne serait
qu'un incident dans l'histoire d'un marché en hausse
perpétuelle. Les actions étaient de nouveau bon marché
et les achats devaient reprendre. En allant se coucher
le dimanche soir, les Américains ne se doutaient pas que
le désastre que l'on appellerait le « krach de Wall Street »
venait à peine de commencer.

La Bourse de New York

**Les actions d'une société sont des titres
de propriété d'une fraction de son
capital. La Bourse de New York
est le premier marché où se négocient
ces actions. Son origine remonte à la
réunion, en 1792, de vingt-quatre agents
de change (les personnes chargées de
la vente et de l'achat d'actions) sous
un platane, à l'emplacement actuel
de Wall Street. Ils s'engagèrent par
écrit à ne traiter d'affaires qu'entre eux.
La Bourse de New York fut créée
officiellement en 1817.**

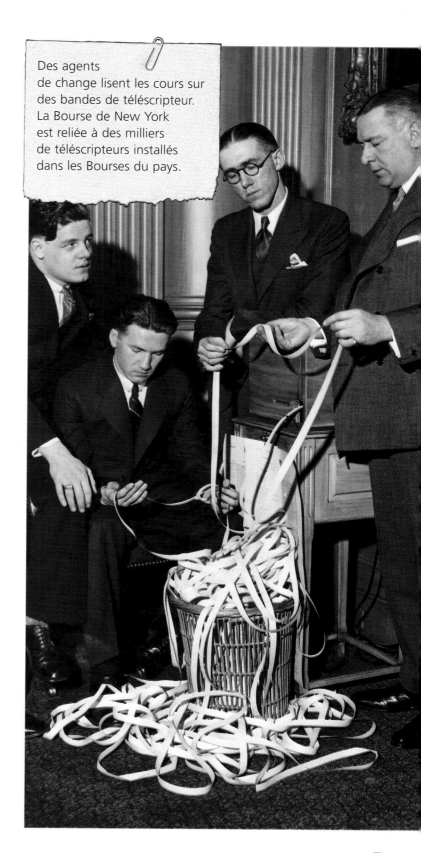

Des agents
de change lisent les cours sur
des bandes de téléscripteur.
La Bourse de New York
est reliée à des milliers
de téléscripteurs installés
dans les Bourses du pays.

Des spéculateurs londoniens pendant le krach de 1720.

L'ATTIRANCE POUR LES PROJETS permettant de gagner de l'argent fait partie de la nature humaine, en particulier s'ils permettent à tout le monde de s'enrichir. La Bourse, où l'on peut acheter et vendre des actions en faisant d'énormes profits, offre l'occasion idéale de satisfaire ce désir instinctif de s'enrichir rapidement.

On peut entendre parler d'une nouvelle société prometteuse et acheter un grand nombre de ses actions en espérant profiter de l'augmentation prévisible de leur cours. Rapidement, en raison de cette demande, le cours des actions monte, à la satisfaction générale. Mais si la demande continue à augmenter, le prix des actions va atteindre un niveau sans proportion avec leur valeur réelle.

Cette frénésie d'achat est souvent suivie d'une autre réaction instinctive : la panique. Les paniques se produisent quand les actionnaires ne croient plus brusquement à la valeur des actions qu'ils détiennent et décident de les vendre tous en même temps. Cette vente provoque une chute rapide des cours ou « krach ».

Un exemple célèbre de frénésie fut le krach de 1720 en Angleterre. Cette année-là, la South Sea Company,

une société anglaise qui commerçait avec les colons sud-américains, s'engagea devant le Parlement à reprendre la dette nationale britannique, plus de 30 millions de livres. En fait, la South Sea Company perçut des intérêts sur l'énorme dette et devint banquier du gouvernement britannique. Il y eut une énorme demande publique pour ces actions qui virent leur valeur augmenter de plus de 700 % en sept mois. Ceux qui ne purent se procurer ces actions de la South Sea furent incités, par des courtiers peu scrupuleux,

Mouvement de panique à New York pendant le krach de l'or du 24 septembre 1869.

à investir dans des sociétés qui avaient parfois des activités étranges telles que le commerce des cheveux, la transformation du plomb en argent, la fabrication de boulets de canon carrés ou d'une roue à mouvement perpétuel. Bien qu'aucune de ces sociétés n'ait jamais été cotée, le public avide s'arracha leurs actions. Mais en septembre 1920, le bruit courut que les dirigeants de ces sociétés avaient vendu leurs actions. Les actionnaires paniqués se précipitèrent pour vendre. Les cours s'effondrèrent et ce fut le début d'une longue dépression économique.

Les États-Unis ont également connu des frénésies financières. En 1837 et 1857, les Américains furent encouragés à investir dans l'Ouest du pays, en particulier dans les chemins de fer. Une fois encore, les investissements furent trop importants et, en 1873, la spéculation excessive sur la Northern Pacific Railroad provoqua un krach. Une panique financière frappa aussi New York en 1869, à la suite d'investissements massifs dans l'or. Quand le gouvernement mit ses stocks d'or en vente, les prix s'effondrèrent et des milliers de personnes furent ruinées.

Cette affiche américaine annonce l'ouverture de la première ligne de chemin de fer transcontinentale. Les gens investirent dans les chemins de fer, car les terrains qu'ils traversaient étaient vendus avec des profits énormes.

La passion des tulipes

Au début du XVIIe siècle, la Hollande connut une passion qui ressemblait à un conte de fées. Elle ne fut pas provoquée par des actions, mais par des bulbes de tulipes, en particulier ceux d'une variété atteinte par un virus qui donnait aux fleurs des pétales rayés. Le prix des tulipes augmenta sans cesse, car tout le monde, des nobles aux serviteurs, dépensait son argent en tulipes. L'industrie normale du pays cessa. Il arriva qu'une maison entière fût vendue pour un bulbe. Un marin fut jeté en prison pour avoir mangé, par erreur, un bulbe. Puis un jour, les acheteurs disparurent du marché. Les prix s'effondrèrent, la panique s'installa et l'économie connut une dépression très importante.

AUX ÉTATS-UNIS, LES ANNÉES 1920 furent une période de richesse et d'optimisme. La Première Guerre mondiale, qui s'était achevée en 1918, avait été un conflit terrible au cours duquel des millions d'hommes perdirent la vie. De nombreux jeunes gens des classes moyennes réagirent en tournant le dos aux comportements traditionnels, conservateurs, et en consacrant leur temps à s'amuser.

Ce fut la décennie de la prohibition qui interdisait de consommer et de vendre de l'alcool. Les Américains fréquentaient donc les *speak-easies*, des bars clandestins tenus par des gangsters. Les femmes « libérées » de l'époque, les *flappers*, adoptèrent une apparence masculine, des cheveux coupés court et fumaient.
Ce fut aussi la décennie du jazz. Des stars telles que Bix Beiderbecke, Louis Armstrong et Bessie Smith apportèrent de nouveaux rythmes à la musique populaire. Ils donnèrent également son nom à cette période : l'âge du jazz.
Ce fut aussi l'époque des héros du sport. Le joueur de base-ball Babe Ruth et le boxeur Jack Dempsey étaient plus admirés que le président des États-Unis.

Cette couverture du magazine *Life* date de 1928 et montre deux danseurs de charleston, une danse très populaire des années 1920.

Dans les années 1920, le jazz devint populaire dans tous les États-Unis. L'une de ses stars, Louis Armstrong, joue ici de la trompette dans l'orchestre de King Oliver.

F. Scott Fitzgerald en compagnie de sa femme et de leur fille. Il fut l'un des écrivains les plus célèbres des années 1920. C'est lui qui inventa les termes *flappers* et *Jazz Age*.

Le boum foncier de la Floride

En 1925, de nombreux Américains s'enrichissaient en Floride en achetant et en vendant de l'immobilier. Nombre d'entre eux pensaient que les marais et les friches auraient un jour autant de valeur que les terrains du bord de mer. Les acheteurs n'avaient pas l'intention de vivre sur ces terres, mais voulaient seulement les revendre avec profit. Au cours de l'automne 1926, deux ouragans tuèrent 400 personnes, arrachèrent des milliers de toits et inondèrent les rues de Miami dans lesquelles on retrouva quelques yachts de luxe. Le boum foncier était terminé et des milliers de personnes perdirent leurs investissements. Les plus optimistes se tournèrent alors vers la Bourse.

Les biens de consommation devinrent meilleur marché grâce aux progrès scientifiques et aux techniques de production. Tout le monde voulait posséder le dernier objet de haute technologie, que ce soit une radio, un téléphone, un réfrigérateur ou une automobile. Les faibles taux d'intérêt et l'empressement des banques à prêter de l'argent permirent aux Américains d'acheter les derniers objets à la mode, même s'ils n'en avaient pas les moyens.

Les fabricants comprirent rapidement l'importance de la publicité pour vendre leurs produits dans les classes moyennes sensibles aux phénomènes de mode. Les publicités, publiées dans les nombreux journaux et magazines nouveaux, n'étaient soumises à aucun contrôle du gouvernement et pouvaient donc affirmer ce qu'elles voulaient. Des industriels du tabac

suggéraient, par exemple, que leurs cigarettes faisaient maigrir et étaient meilleures pour la santé que les bonbons. Les gens étaient heureux de consommer de nombreux produits et de vivre dans un monde de rêve créé par les publicités.

L'apparition de gadgets dans la cuisine et de techniques de conservation de la nourriture, telles la congélation et la mise en boîte, réduisaient l'importance des tâches ménagères. Les gens pouvaient ne faire leurs courses qu'une fois par semaine et disposaient alors de plus de temps pour leurs loisirs. Ils avaient donc besoin d'argent, mais pensaient qu'ils pouvaient en gagner non en travaillant beaucoup, mais en empruntant et en investissant. Les crédits intéressants proposés par les banques encourageaient les consommateurs à suivre cette voie de « l'argent facile ».

Charles Lindbergh après son vol de 33 heures à travers l'Atlantique pour lequel il reçut la médaille du Congrès.

LES ANNÉES 1920 furent une période de grande prospérité pour de nombreux Américains. Le taux de chômage était peu élevé et la production importante. La plupart des travailleurs virent leur salaire augmenter alors que les prix restaient stables. Les seuls qui ne bénéficiaient pas de cette prospérité étaient les agriculteurs qui avaient des frais élevés et des prix de vente très bas. De nombreux citadins n'avaient jamais connu des conditions de vie plus favorables. Le style de vie moderne et le confort, qui nous paraissent aujourd'hui évidents, étaient encore nouveaux. Les gens étaient prêts à croire que l'argent et la technologie pouvaient résoudre la plupart des problèmes du monde. Il n'y avait apparemment aucune raison de penser que cette période heureuse ne durerait pas toujours.

Cet optimisme fut illustré par l'exploit de l'aviateur américain Charles Lindbergh. Le 21 mai 1927, il fut le premier à traverser l'Atlantique, de New York à Paris, seul et sans escale à bord de son monoplan, le *Spirit of Saint Louis*. Ce fut une période où tout semblait possible.

Cet optimisme sans fin et une fascination pour le risque poussèrent de nombreuses personnes à jouer en Bourse malgré le récent krach immobilier de Floride. La Bourse offrait un certain prestige, des sensations fortes et bien sûr la promesse de devenir riche.

Les sociétés choisies par les spéculateurs étaient les plus en vue : General Motors pour l'automobile, Du Pont pour les produits de haute technologie et les nouveaux tissus synthétiques tels que la rayonne et le Nylon, Wright Aeronautic pour l'aviation et Montgomery Ward, une célèbre société de vente par correspondance. La plus renommée de ces sociétés était RCA (Radio Corporation of America) qui dominait le nouveau marché des communications par radio et qui fut, à Wall Street, la valeur la plus prometteuse de la décennie. Entre 1925 et septembre 1929, ses actions passèrent de 11 $ à 114 $.

Pendant la prospérité des années 1920, la Bourse de New York fut un endroit très animé. À 10 h, un coup de gong annonçait le début des activités boursières. La plus grande animation régnait alors jusqu'à 15 h. Les valeurs et les actions étaient échangées à dix-sept comptoirs, en forme de fer à cheval, répartis sur les 1400 m du parquet de la Bourse. Chacun d'entre eux était spécialisé dans certaines valeurs. Les téléscripteurs, qui enregistraient les variations des cours, étaient placés sous des dômes en verre. Ils étaient reliés à des milliers de téléscripteurs installés dans les Bourses et les bureaux d'agents de change du pays. Chacun de ces appareils produisait environ 800 km de bande pour chaque million d'actions échangées.

La Bourse de Wall Street en 1929. Le parquet était couvert de feutre pour réduire le bruit.

Les haussiers et les baissiers

« *Calme-toi mon bébé, Mamie a acheté de nouvelles actions,*
Papa est parti jouer avec les ours et les taureaux,
Maman a de bons tuyaux et ne peut pas perdre,
Et bébé aura bientôt de nouvelles chaussures. »

À la bourse, les haussiers (en anglais *bulls*, taureaux) sont des spéculateurs qui achètent des actions en espérant que leur cours va monter ; ils jouent à la hausse. Les baissiers vendent des actions, puis essaient de les racheter à un prix inférieur que celui auquel ils les ont vendues ; ils jouent à la baisse.

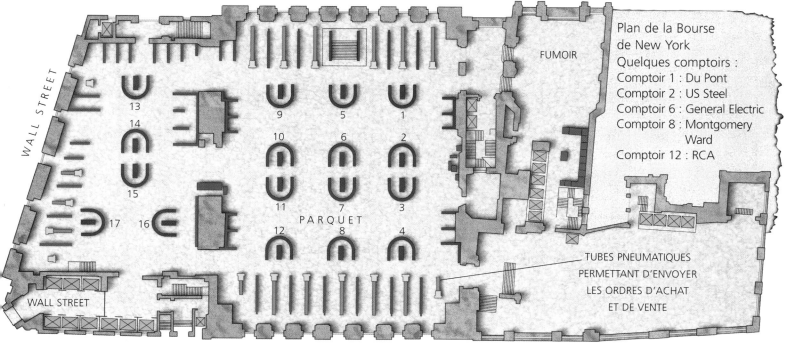

Plan de la Bourse de New York
Quelques comptoirs :
Comptoir 1 : Du Pont
Comptoir 2 : US Steel
Comptoir 6 : General Electric
Comptoir 8 : Montgomery Ward
Comptoir 12 : RCA

FUMOIR

WALL STREET

PARQUET

WALL STREET

TUBES PNEUMATIQUES PERMETTANT D'ENVOYER LES ORDRES D'ACHAT ET DE VENTE

En février 1929, le massacre de la Saint-Valentin - dont on voit ici une reconstitution par la police - fit les gros titres de tous les journaux.

LE 14 FÉVRIER 1929, le jour de la Saint-Valentin, quatre gangsters travaillant pour Al Capone et déguisés en policiers firent irruption dans un garage du quartier nord de Chicago. Ils abattirent sept membres du gang rival de George « Bugsy » Moran. Le même jour, la banque fédérale de New York décida enfin de lutter contre la spéculation sauvage des valeurs et des actions. Ils élevèrent les taux d'intérêt de 5 % à 6 % afin de dissuader les gens d'emprunter pour acheter des actions. Contrairement au massacre de la Saint-Valentin, cette décision ne fit pas la une des journaux et fut en fait à peine remarquée par les investisseurs.

Ce fut l'une des rares tentatives du gouvernement ou des banques pour freiner l'imprudence des investisseurs. La plupart des responsables approuvaient pleinement ce qui se passait à Wall Street. Le gouvernement républicain suivit une politique de laisser-faire et ne voulait pas interférer avec les mouvements naturels du marché des valeurs. Les banquiers, les capitaines d'industrie, les journalistes et les universitaires étaient,

presque sans exception, ravis de la hausse du marché. Ils y voyaient le reflet d'une industrie en bonne santé et en plein essor.

Mais personne n'ignorait ce qui se passait. Le Federal Reserve Board (FRB, banque centrale des États-Unis), qui contrôlait les activités bancaires du pays, s'inquiétait particulièrement d'une récente augmentation des opérations d'achat à crédit. Ce système consiste à acheter des actions en versant seulement un acompte, puis à payer le solde avec les profits réalisés grâce à la hausse de leur valeur. Il fonctionna très bien tant que le marché des valeurs était à la hausse !

En mars 1929, la banque centrale organisa des réunions secrètes qui donnèrent naissance à des rumeurs concernant une hausse importante des taux d'intérêt. Les spéculateurs commencèrent à vendre leurs actions. Le 26 mars, les centaines de standardistes, installés dans de minuscules cabines autour du parquet de la Bourse, furent soudain submergés par des ordres de vente.

L'indice des valeurs

À la Bourse de New York, un point vaut un dollar. Si le cours des actions d'une société augmente de trois points, chaque action vaut trois dollars de plus.
L'indice boursier - l'indice Dow Jones - correspond à la moyenne du cours des actions des trente premières sociétés cotées en Bourse. C'est un bon indicateur des performances du marché des valeurs. L'indice des valeurs connut quelques baisses en 1924 et 1929, mais il augmenta de façon régulière. Il était à 120 points à la fin de 1924, à 156 points à la fin de 1925 et à 202 points à la fin de 1927. Un an plus tard, il atteignait 300 points.

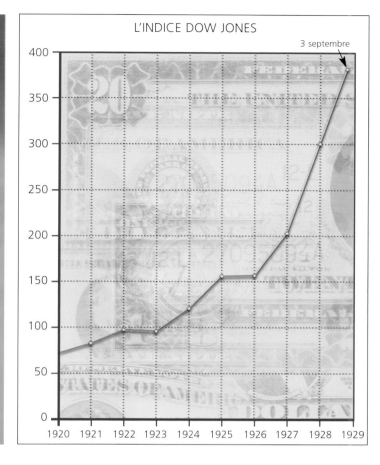

L'INDICE DOW JONES

3 septembre

Ils transmettaient ces ordres à des garçons de course qui les expédiaient par tube pneumatique vers le comptoir correspondant.

Ce matin-là, ces ventes massives provoquèrent une chute de 15 points de l'indice des valeurs (voir encadré). Dans l'après-midi, Charles E. Mitchell, le président de la plus grande banque des États-Unis, la National City Bank, calma les esprits. Il promit de maintenir les taux d'intérêt de sa banque à un niveau faible, quelles que soient les décisions de la banque centrale et de prêter de l'argent à tous ceux qui en avaient besoin. L'optimisme revint, mais ce « minikrach » démontra que la prospérité n'était peut-être pas aussi solide qu'elle le paraissait.

Les membres de la banque centrale des États-Unis. En mars 1929, leurs réunions quotidiennes provoquèrent un minikrach.

William Crapo Durant, le créateur de la General Motors, fut l'un des principaux opérateurs à Wall Street à la fin des années 1920.

En 1928 et 1929, les achats d'actions furent si importants que les Américains commencèrent à redouter une pénurie. Il était difficile de se procurer des actions des sociétés les plus recherchées telles la General Electric et RCA. Les Américains résolurent ce problème en créant, à la fin des années 1920, des sociétés que nous appelons aujourd'hui les « fonds communs de placement ». Ces sociétés d'investissement disposaient des actions de 500 à 1000 sociétés différentes. En leur achetant des actions, les spéculateurs misaient sur la rentabilité d'un ensemble de sociétés. Le nombre d'actions disponibles devenait pratiquement illimité.

Les sociétés d'investissement furent créées par des entreprises telles les banques. Le fait qu'elles ne possédaient rien, et qu'elles ne disposaient souvent même pas de bureaux, ne décourageait pas les spéculateurs. Elles rendaient les placements beaucoup moins hasardeux et risqués. Les amateurs n'avaient plus à se lancer dans des calculs compliqués sur l'indice boursier pour faire leurs choix. Les sociétés d'investissement étaient dirigées par des professionnels qui avaient de solides compétences financières. C'était l'époque des héros et les financiers rejoignirent les sportifs et les aviateurs dans le cœur des Américains désireux de partager le succès des géants de la finance, tels William C. Durant et John J. Raskob de la General Motors.

En 1928, 186 sociétés d'investissement furent créées et 265 l'année suivante. Dans l'une d'elles, les actions de la Goldman Sachs Trading Corporation (GSTC) avaient gagné plus de 100 % de leur valeur trois mois à peine après sa création. La demande était si importante qu'en février 1929 le prix des actions passa de 136 $ à 222 $ en cinq jours seulement. En raison de la spéculation, la valeur de ces actions représentait alors deux fois le total des actifs de la société.

Les clients d'un agent de change regardent, sur un tableau, les cours de leurs actions grimper.

De nombreuses sociétés d'investissement connaissaient la même tendance dangereuse. Les opérateurs en Bourse semblaient avoir perdu le contact avec la réalité. Ils n'étaient pas étonnés de voir les prix des actions atteindre des niveaux si élevés, car ces prix ne représentaient pas la valeur effective des sociétés, mais leur valeur potentielle. Les spéculateurs faisaient confiance au talent des dirigeants et pensaient que le potentiel des sociétés était illimité.

Les sociétés d'investissement obtenaient de très bons résultats quand le marché était en hausse. Avec le krach, les spéculateurs découvrirent qu'elles pouvaient obtenir de très mauvais résultats quand le marché était en baisse. Ainsi, les actions de la GSTC tombèrent à 35 $ en octobre 1929. En 1932, ces actions ne valaient plus que 1,75 $.

La fièvre boursière

« *Le chauffeur de maître tendait l'oreille pour savoir ce qu'allait faire Bethleem Steel ; il possédait cinquante actions avec une marge de vingt points. Dans le bureau de l'agent de change, le laveur de vitres jetait un coup d'œil sur le téléscripteur, car il voulait acheter quelques actions de Simmons avec ses économies.* **»**

Frederick Lewis Allen, un observateur, évoque le succès populaire de la Bourse en 1929.

Dessiné pendant la période de prospérité et construit après le krach, l'Empire State Building nécessita 7 millions d'heures de travail et coûta la vie à quatorze ouvriers.

LES PLANS DE L'EMPIRE STATE BUILDING furent dessinés au printemps 1929. Le plus haut gratte-ciel du monde devait être construit à Manhattan, un peu au nord de Wall Street où avait été gagné l'argent qui permit de financer le projet. John J. Raskob, le commanditaire du gratte-ciel, voyait en lui un monument éternel au « mode de vie américain qui permettait à un pauvre garçon de faire fortune à Wall Street ».

Cet été-là, Wall Street connut une hausse. Un nombre croissant de spéculateurs étaient attirés par les profits qu'offrait le marché des valeurs. Les Américains investissaient toutes leurs économies, hypothéquaient leur maison ou empruntaient de l'argent en pensant ainsi faire fortune. À la fin de l'été, les spéculateurs avaient emprunté plus de 7 milliards de dollars.

La Bourse n'avait jamais joué un rôle aussi important dans la vie américaine. Des personnes qui ne s'étaient jamais intéressées à Wall Street - acteurs, plombiers,

John J. Raskob (1879-1950)

John Jakob Raskob, l'un des plus éminents hommes d'affaires des années 1920, fut vice-président de la General Motors (GM). Il était l'un des « poids lourds » de la finance capables, d'après le public, de provoquer des hausses ou des baisses du marché. Dans le cas de Raskob, cela était peut-être vrai. En mars 1928, en s'embarquant pour l'Europe, il confia qu'il trouvait les actions de la GM bon marché. Il avait une influence telle que ces actions passèrent rapidement de 187 à 199 points.

couturières, serveuses de bar - écoutaient la radio pour avoir des tuyaux sur les bons placements. Le boursicoteur bien informé devint le plus apprécié des invités et ses avis étaient écoutés avec grand respect. On racontait que le valet de chambre d'un agent de change avait gagné près de 250 000 $ en Bourse et une infirmière 30 000 $ simplement en suivant les conseils donnés par des patients reconnaissants. Un serveur du restaurant de la Bourse démissionna, car il venait de gagner 90 000 $ grâce aux conseils de ses clients.

Pour de nombreuses personnes, la spéculation devint une activité à plein temps. Les bureaux des agents de change étaient envahis par des spéculateurs de 10 h à 15 h. Il y eut bientôt des téléscripteurs sur tout

le territoire américain. Ils permettaient d'avoir des nouvelles de la Bourse pour le prix d'une communication locale.

Les hommes n'étaient pas les seuls à jouer en bourse. D'après un article de la *North American Review*, « les femmes participent très activement à ce jeu capitaliste passionnant autrefois réservé aux hommes et la ménagère moderne sait que les actions de Wright Aero sont en hausse... de la même façon qu'elle sait qu'il y a du poisson frais au marché ». Un club de spéculatrices fut créé dans une suite de l'hôtel Waldorf Astoria - qui devait bientôt être démoli pour faire de la place à l'Empire State Building. Une douzaine de femmes fumaient des cigarettes turques en gardant les yeux rivés sur un écran où s'affichaient les cours de la Bourse.

Des femmes lisent une bande de téléscripteur. La société Pennsylvania Railroad fut surnommée la « Ligne des jupons », car elle comptait plus de femmes que d'hommes parmi ses actionnaires.

Le joueur de base-ball Babe Ruth fut le sportif le plus célèbre des années 1920. Il établit, en 1927, un record qui ne fut battu qu'en 1961.

Evangeline Adams était la voyante américaine la plus connue. Elle affirmait pouvoir prédire l'avenir de la Bourse pour 20 $.

LE 3 SEPTEMBRE 1929, une journée comme les autres, une vague de chaleur s'était abattue sur New York. Les journaux évoquaient les exploits du joueur de base-ball Babe Ruth et annonçaient la fin prochaine du tour du monde entrepris par le dirigeable allemand *Graf Zeppelin*. L'astrologue Evangeline Adams donna son avis sur la Bourse des valeurs et prédit que « Le Dow Jones (l'indice des valeurs) pourrait grimper jusqu'au ciel. » De nombreux Américains la crurent, car la Bourse battait de nouveaux records. Personne ne pouvait savoir que le marché avait atteint, ce 3 septembre, le point le plus haut des années 1920 et qu'il ne connaîtrait plus un tel niveau pendant vingt-cinq ans.

Deux jours plus tard, l'économiste Roger Babson annonça lors d'une conférence : « Tôt ou tard, il y aura un krach et il sera terrible… des usines fermeront… des hommes perdront leur travail… ce sera un cercle vicieux qui aboutira à une grave dépression économique. » En réaction à ce discours, la Bourse enregistra une baisse de 10 points. Mais tout rentra dans l'ordre le lendemain.

Cette baisse fut baptisée « Babson Break » (l'effondrement de Babson). Les spéculateurs pensèrent qu'il ne s'agissait que de l'un de ces petits reculs qui jalonnaient la hausse continue du marché. Mais les signes annonçant une chute des cours étaient déjà visibles. En automne 1929, l'économie américaine était en récession. La production industrielle et la construction avaient ralenti.

Le samedi 19 octobre, le marché subit une baisse importante. Plus de trois millions d'actions furent échangées et l'indice des valeurs chuta de 12 points.

Quelques appels de couverture furent lancés, ce qui signifie que les actions tenues en garantie avaient perdu tellement de valeur qu'elles ne pouvaient plus être utilisées pour rembourser l'emprunt effectué lors de leur achat. Les spéculateurs devaient donc débourser plus d'argent.

Les premiers jours de la semaine suivante furent inquiétants. Le volume des échanges s'avéra important et les téléscripteurs avaient du mal à suivre l'évolution des cours. Les spéculateurs apprirent donc, souvent avec plusieurs heures de retard, combien ils avaient perdu. L'indice des valeurs retomba au niveau du mois de juin, annulant ainsi tous les profits réalisés depuis.

Des spécialistes de Wall Street affirmèrent qu'il ne s'agissait que d'un incident. Mais le soir du mercredi 23 octobre, de nombreux spéculateurs se couchèrent en pensant qu'ils feraient mieux de limiter leurs pertes par la vente de toutes leurs actions dès le lendemain.

L'opinion des spécialistes

“*La situation industrielle des États-Unis est excellente.*”

Charles E. Mitchell, 15 octobre 1929.

“*Le cours des actions a atteint un niveau élevé et devrait s'y maintenir longtemps.*”

Irving Fisher, professeur d'économie à l'université Yale, 15 octobre 1929.

Dans un hôtel de San Francisco, des spéculateurs impuissants assistent à l'écroulement des cours de la Bourse. Des scènes identiques se déroulaient dans tout le pays.

LE 24 OCTOBRE 1929, à 10 h 03, la Bourse ouvre sur un coup de tonnerre. D'énormes quantités de valeurs sont échangées, mais dans un premier temps les cours restent stables.

10 h 25 20 000 actions de la General Motors sont proposées à la vente avec une perte de 80 %. Les cours commencent à chuter. Un actionnaire hystérique crie au téléphone : « Vendez au cours du marché ! ». Cela signifie qu'il faut accepter n'importe quel prix. La chute des cours s'accélère.

11 h 00 Le parquet est plein de spéculateurs cherchant désespérément à vendre. Il n'y a pas une seule offre d'achat. Cette situation crée une spirale entraînant une forte chute du cours des actions.

11 h 30 La panique s'empare du parquet. Des courtiers sont coincés contre le comptoir 1 par une foule hystérique. Au comptoir 2, les actions de l'acier s'effondrent très rapidement, entraînant avec elles d'autres actions.

Wall Street
le 24 octobre 1929. Un journaliste décrivit la scène : « Une foule immense murmurait. Des groupes de gens se parlaient à voix basse. On entendait de temps en temps un éclat de rire hystérique. »

Au comptoir 4, un gros homme en sueur crie des ordres incompréhensibles. Il est évacué et la galerie des visiteurs est fermée.

Dans Broad Street, les passants sont surpris par un étrange grondement provenant de l'intérieur des murs blancs de la Bourse. Un attroupement se forme. La rumeur se répand que le marché est en chute libre. Un ouvrier grimpe sur un bâtiment pour effectuer des réparations. La foule croit qu'il s'agit d'un investisseur ruiné qui veut se suicider et attend qu'il saute.

11 h 50 Les derniers cours arrivent maintenant sur les téléscripteurs avec cinquante-cinq minutes de retard. Dans tout le pays, les possesseurs d'actions ne peuvent plus se fier aux derniers cours annoncés ; l'ignorance et la peur les incitent à vendre de plus en plus de leurs valeurs.

12 h 00 Les plus grands banquiers se réunissent et créent un fonds commun de 50 millions de dollars pour soutenir le marché. La nouvelle de la réunion se répand dans la Bourse et les cours cessent aussitôt de chuter.

13 h 00 Richard Whitney, le vice-président de la Bourse, fait son apparition sur le parquet. Il se dirige vers le comptoir 2 et achète 10 000 actions dans l'acier à 205 $ l'action, 10 points de plus que lors des dernières transactions. Il y a d'abord un grand silence, puis des acclamations fusent. Whitney va de comptoir en comptoir pour lancer de nouveaux ordres d'achat. La peur disparaît des visages des spéculateurs, laissant place à la crainte de manquer une bonne affaire. Les achats reprennent et les cours remontent.

La reprise du jeudi noir fut aussi remarquable que le krach. À la clôture, l'indice boursier était à 299 points, c'est-à-dire 12 points seulement au-dessus de celui de la veille.

Le parquet de la Bouse de New York pendant la période de prospérité de 1929.

Une perte personnelle

“La police de Mount Vernon a fait savoir hier soir qu'Abraham Germansky, un agent de change demeurant au 140 East Broadway, à New York, a disparu depuis jeudi. Après la chute des cours ce jour-là, Germansky a été vu remontant Broadway Avenue en déchirant des bandes de téléscripteur. Ses amis pensent qu'il a perdu une somme considérable et que cela a affecté sa santé mentale.”

Le *New York Times*, le 28 octobre 1929.

Des spéculateurs se bousculent pour avoir des informations sur la chute des cours du jeudi noir. Le *New York Times* déclara : « Wall Street optimiste après une journée agitée. »

The New York Time

Vendredi 25 octobre 1929

LE KRACH ENDIGUÉ PAR LES BANQUES ; 12 894 650 ACTIONS INONDENT LE MARCHÉ. LES DIRIGEANTS JUGENT QUE LA SITUATION EST SAINE.

LE JEUDI NOIR, le nombre de transactions atteignit 12 894 650, ce qui était un record. Leur enregistrement dura toute la nuit. Partout dans le pays, des milliers de spéculateurs apprirent trop tard la nouvelle du rétablissement des cours : ils avaient déjà vendu toutes leurs actions. Nombre d'entre eux avaient hypothéqué leur maison et dépensé toutes leurs économies en espérant devenir riches. Ils avaient maintenant tout perdu. Ils éprouvèrent beaucoup d'amertume en se rendant compte qu'ils auraient pu conserver leur maison et leurs voitures s'ils n'avaient pas vendu leurs actions pendant la panique.

Au cours des jours suivants, les banquiers, les hommes d'affaires et les hommes politiques, dont le président Herbert Hoover, unirent leurs efforts pour calmer les esprits. Ils affirmèrent tous que l'économie américaine était en bonne santé, que la crise était terminée et que les affaires reprenaient. L'astrologue Evangeline Adams déclara que la Bourse allait connaître une hausse importante, puis elle demanda à son agent de change de vendre immédiatement toutes ses actions.

Au cours des séances du vendredi et du samedi matin, les échanges furent importants, mais les spéculateurs restèrent confiants et les cours demeurèrent stables. Les banques et les sociétés d'investissement rachetèrent de nombreuses actions pour rattraper la chute des cours. Le *Wall Street Journal* déclara que le marché avait cédé à la panique et que les spéculateurs qui possédaient des actions au comptant, plutôt que des actions à crédit, devaient rester confiants : « Ils ont perdu quelques plumes, mais elles finiront par repousser, plus belles que les vieilles ».

Mais les nerfs de milliers de spéculateurs avaient été ébranlés. Le dimanche soir, ils estimèrent sans doute que c'en était assez. La séance du lundi 28 octobre s'ouvrit avec de très nombreuses ventes qui déstabilisèrent le marché. Cette fois, il n'y eut pas de redressement ni de soutien providentiel. Les banquiers avaient peut-être pris conscience de leur impuissance face à un désir frénétique de vendre.

À la clôture, l'indice des valeurs était passé de 299 à 261 points. Le nombre d'actions vendues était moins important que celui du jeudi noir, mais la chute des cours était trois fois plus

importante. À la seule Bourse de New York, les actions avaient perdu plus de 10 milliards de dollars de leur valeur. C'était la chute des cours la plus importante de l'histoire de la Bourse. Et les baisses les plus fortes avaient été enregistrées au cours des derniers échanges, ce qui était très inquiétant pour l'ouverture de la séance du mardi.

Un moment historique

Le lundi 28 octobre à 18 h 30, les banquiers new-yorkais déclarèrent, dans un communiqué de presse, qu'il n'était pas de leur responsabilité de stabiliser les cours et que leur seul but était de maintenir l'ordre sur le marché afin que les offres et les demandes soient satisfaites. Pour les spéculateurs, cela signifiait que leurs rêves étaient condamnés, mais qu'ils bénéficieraient de belles funérailles.

Le 25 octobre à une heure du matin, des agents de Wall Street appellent leurs clients pour leur réclamer plus de couverture.

Panique à la Bourse. Les actions pour lesquelles certains spéculateurs ont sacrifié leurs économies se vendent maintenant pour une faible fraction de leur valeur.

LE 29 OCTOBRE 1929, le mardi noir fut la pire journée du krach et il reste encore aujourd'hui le jour le plus sombre de l'histoire de Wall Street.

10 h 00 Le directeur de la Bourse donne le signal de l'ouverture de la séance, mais le bruit du gong se perd dans le vacarme : « Vingt mille acier ; vendez au cours du marché ! Trente mille ; vendez ! ». Aux dix-sept comptoirs, de gros paquets d'actions sont bradées à n'importe quel prix. La taille de ces paquets indique clairement que ce sont les plus gros spéculateurs qui cèdent à la panique. La plupart des petits actionnaires ont déjà été balayés par les krachs de jeudi et de lundi.

Le comptoir 17 est littéralement pris d'assaut par des spéculateurs qui veulent vendre leurs actions dans les télécommunications. Un agent de change perd son dentier en criant un ordre et risque de se faire piétiner en tentant de le retrouver. Au comptoir 12, des actions de la RCA, qui avaient été cotées à 420 $, se vendent maintenant 26 $. Au comptoir 4, où les actions de la société Anaconda Copper s'effondrent, un courtier à la veste déchirée émerge de la foule en murmurant : « Je suis ruiné ! ruiné ! »

La police montée rétablit l'ordre à Wall Street où l'annonce du krach a provoqué une grande agitation.

Richard Whitney, le héros du jeudi noir, est bousculé comme les autres. En une demi-heure, trois millions et demi d'actions sont vendues avec une perte globale supérieure à 2 milliards de dollars.

11 h 00 — Quelques courtiers pleurent. Certains prient, à genoux sur le parquet. D'autres encore se rendent à l'église de la Trinité, toute proche, où juifs, protestants et catholiques prient ensemble pour la première et peut-être unique fois.

12 h 00 — Les grands banquiers se réunissent. La rumeur court qu'ils ne proposent aucun soutien, mais qu'ils vendent au contraire leurs actions. Les petits spéculateurs considèrent cela comme une désertion et se sentent trahis. La réputation des banquiers est ruinée.

14 h 55 — À l'approche de la fin de la séance, quelques agents de change recommencent à faire des offres d'achat. Les cours remontent.

15 h 00 — Le signal de clôture retentit. Les cris cessent. Les courtiers, abattus, quittent lentement le parquet. Les agents d'entretien commencent à balayer l'épais tapis de bandes de téléscripteurs qui couvrent le sol. L'indice a perdu 43 points et se retrouve à 230 points, le niveau de novembre 1928. Le volume des ventes – 16 410 030 actions au total - bat tous les records. Et la situation aurait pu être pire sans la petite reprise qui a précédé la fermeture.

Un moment historique

Le 29 octobre 1929 à 13 h, dix mille personnes envahissent Wall Street, entre Broadway et l'Hudson. Des rumeurs circulent. Personne ne sait que croire ni que faire. C'est la première fois qu'une telle chose arrive. Dans toute la ville, des groupes de spéculateurs regardent les bandes des téléscripteurs se dérouler. Les chiffres annoncent un effondrement des cours et des ruines imminentes. Certains spéculateurs souhaitent parler de leurs pertes, mais personne ne veut les écouter. Leur histoire est trop banale.

Dans une société d'investissement, un agent inscrit les derniers cours de New York annoncés par téléphone. Le mardi noir, l'annonce de la chute des cours s'est faite avec deux heures et demie de retard.

LE MARDI NOIR, les pertes en Bourse s'élevèrent à plus de 14 milliards de dollars. Par comparaison, le budget des États-Unis en 1929 était de 3 milliards. En une seule journée, le pays avait perdu plus d'argent qu'il n'en avait dépensé pendant la Première Guerre mondiale. Mais ce n'était qu'un début. Ce qui rendit le krach de 1929 unique fut que le marché continua à s'effondrer pendant des mois.

Si quelqu'un avait décidé de mener à la ruine le plus grand nombre possible de personnes, il n'aurait pu mieux faire. Les petits spéculateurs avaient été balayés dès le début. Les autres suivirent bientôt. Même les plus malins, qui attendirent jusqu'en décembre pour acheter des actions à des prix apparemment imbattables, virent leur valeur diminuer d'un tiers au cours des deux années suivantes.

Vers la mi-novembre 1929, l'indice des valeurs atteignait à peine 224 points, la moitié de celui du 3 septembre. Il connut un nouvel effondrement en juin 1930. Cette chute dura pendant encore deux ans pour atteindre son niveau le plus bas - 41 points - en juillet 1932.

Entre un et trois millions d'Américains furent directement affectés par le krach. Nombre d'entre eux furent ruinés. Des milliers de familles - qui avaient acheté leur voiture, des meubles et des bijoux à crédit - virent leurs biens saisis. Certains Américains découvrirent avec horreur que leur conjoint avait joué les économies de la famille en Bourse.

Certaines pertes furent très importantes. William Crapo Durant, le fondateur de General Motors, perdit

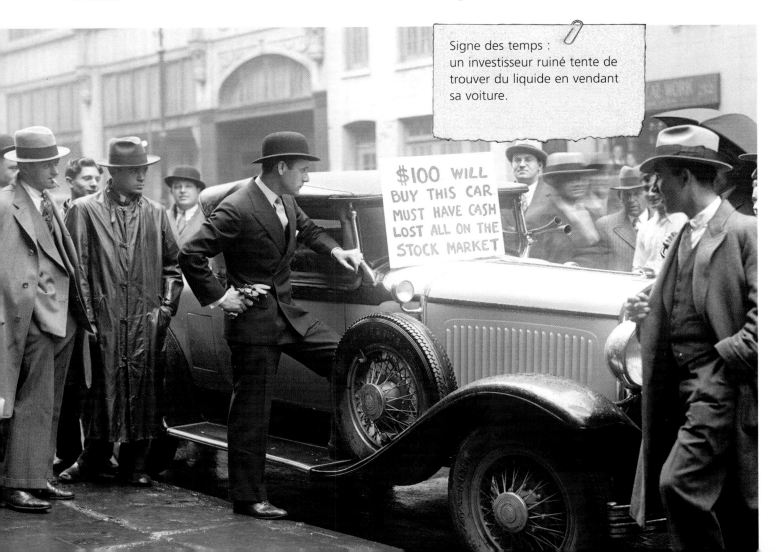

Signe des temps :
un investisseur ruiné tente de trouver du liquide en vendant sa voiture.

40 millions de dollars dans le krach. En 1936, il se déclara ruiné et estima ses biens à 250 dollars : le prix de ses vêtements. John J. Raskob perdit plusieurs millions, mais il parvint à continuer à vivre confortablement et son Empire State Building devint un des principaux gratte-ciel de Manhattan. J. P. Morgan, le célèbre banquier, perdit entre 20 millions et 60 millions de dollars tandis que Michael Meehan de la RCA, qui avait beaucoup spéculé sur ses propres actions, perdit environ 40 millions.

Certains spéculateurs ruinés se suicidèrent. Le patron de la Compagnie du gaz et de l'électricité de Rochester se suicida au gaz. Un autre spéculateur échappa aux appels de couverture en s'arrosant d'essence et en y mettant le feu. Le samedi suivant le krach, le corps d'un homme d'affaires fut repêché dans l'Hudson. Ses poches contenaient 9,40 $ et quelques appels de couverture.

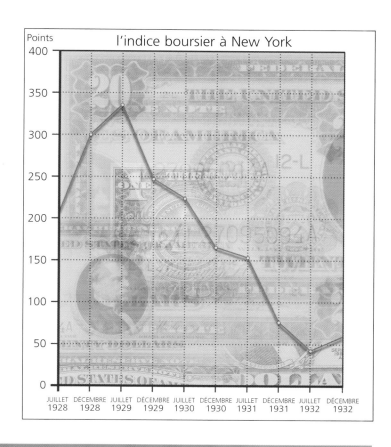

l'indice boursier à New York

Un dessin humoristique sur les suicides des agents de change.

Humour noir

Le 30 octobre 1929, John D. Rockefeller, le fondateur de la Standard Oil - et l'un des hommes les plus riches du monde - déclara :

66*Nous pensons que la situation économique de ce pays est saine… et mon fils et moi avons donc acheté ces derniers jours des actions ordinaires saines.*99

Eddie Cantor, un comique victime du krach, répliqua :

66*Bien sûr, qui d'autre avait suffisamment d'argent à perdre ?*99

29

IL ÉTAIT NATUREL QUE LES VICTIMES DU KRACH, après le choc, cherchent un responsable. À Washington, le parti démocrate critiqua vivement le président républicain Herbert Hoover. Ils accusèrent sa politique de « laisser-faire » d'être à l'origine du krach. La popularité de Hoover commença à s'effriter et il perdit nettement les élections présidentielles de 1932 au profit de Franklin D. Roosevelt.

Le siège social de l'Union Industrial Bank à Flint, dans le Michigan, où eut lieu en 1929 la plus grande escroquerie bancaire du monde. Un groupe d'employés volèrent 3,5 millions de dollars aux clients de la banque et les perdirent à la Bourse.

Une commission d'enquête sénatoriale fut créée pour faire le point sur les pratiques boursières. Elle mit en évidence les comportements discutables de certaines banques et de certains agents de change et entraîna des modifications de lois. C'est ainsi que la manipulation des cours des actions pour réaliser des profits personnels fut déclarée illégale. De gros spéculateurs incitaient souvent de petits boursicoteurs à acheter les actions de certaines sociétés, tout en acquérant eux-mêmes des paquets de ces actions. Leur valeur augmentait et ils réalisaient un profit substantiel en les revendant. Une autre manipulation du marché consistait à répandre la rumeur que le cours d'une action était sur le point de grimper, souvent en payant des journalistes afin qu'ils écrivent en ce sens.

Les experts économiques qui avaient fait des prédictions très optimistes sur le marché furent critiqués. Irving Fisher, un professeur de Yale, tenta de se justifier : « Cela relevait de la panique, de la psychologie

Richard A. Whitney (1888-1974)

Richard Whitney, vice-président de la Bourse de New York, emprunta d'importantes sommes d'argent au cours des années précédant puis suivant le krach afin d'acquérir des actions de sa propre société. Cette stratégie était payante quand les cours étaient à la hausse. Mais après le krach, la valeur de ses actions tomba à un niveau insuffisant pour garantir ses emprunts. Il utilisa alors des actions qui ne lui appartenaient pas pour les couvrir. En 1938, plus aucune banque ne voulait lui accorder de prêt et il se trouva contraint d'emprunter auprès de simples connaissances. Il fut finalement démis de ses fonctions à la Bourse pour faillite.

des foules, et ce n'était pas dû, à la base, au niveau dangereusement élevé des cours. » Mais la réputation du professeur, ainsi que celle de nombreux autres experts, avait été ruinée par le krach. Un journal financier commenta :
« Le savant professeur a tort, comme c'est généralement le cas quand il parle de la Bourse. »

Les banquiers et les sociétés

d'investissement associés à la spéculation boursière furent aussi sévèrement critiqués. Certains personnages éminents furent montrés du doigt, tel Charles E. Mitchell qui avait été le héros du minikrach de 1929. Mitchell avait beaucoup spéculé sur les actions de sa propre banque, la National City Bank. Dans la semaine du 28 octobre 1929, il avait tenté d'enrayer la chute de ses actions en empruntant à une autre banque 12 millions de dollars pour en acheter davantage. Il apprit à ses dépens qu'il est très difficile de soutenir des actions quand tout le monde veut les vendre. Les actions de la National City Bank chutèrent de 500 à 200 $ à la fin de l'année et Mitchell se retrouva ruiné. Il démissionna en mars 1933 et fut arrêté plus tard pour fraude fiscale.

L'économiste Irving Fisher avait déclaré que le marché serait renforcé par les effets positifs de la prohibition qui avait rendu « l'ouvrier américain plus productif et plus digne de confiance ». Trois jours plus tard, Wall Street s'effondrait.

Charles E. Mitchell (à droite) lors de son arrestation pour fraude fiscale. Il parvint finalement à rembourser sa dette au gouvernement en 1938.

La grande dépression toucha de la même façon les riches et les pauvres. Voici un ancien homme d'affaires contraint, en 1931, de vendre des pommes dans la rue.

AU COURS DES DIX ANNÉES qui suivirent le krach, les États-Unis et le reste du monde connurent un très important ralentissement économique appelé la « grande dépression ». En 1932, il y avait 14 millions de chômeurs aux États-Unis et de nombreuses entreprises étaient en faillite. La fermeture forcée de banques qui s'étaient livrées à la spéculation boursière contraignit les États-Unis à demander le remboursement de prêts accordés, entre autres, à l'Europe. La dépression se répandit ainsi dans le monde. Il y eut bientôt 6 millions de chômeurs en Allemagne et 3 millions en Grande-Bretagne.

La sévérité de la crise plongea les Américains dans un état de choc. Certains y voyaient la justice divine qui punissait le laisser-aller des années vingt. Le président Hoover pensait que les désordres économiques de l'Europe avaient contaminé les États-Unis. La plupart des gens pensaient que le krach de Wall Street

Pendant les années trente, de nombreuses soupes populaires furent ouvertes aux États-Unis pour nourrir les personnes les plus affectées par la grande dépression.

d'octobre 1929 était le détonateur de la crise. Mais y a-t-il un lien direct entre ces deux événements ?

Une récession économique était inévitable en 1929, avec ou sans le krach. À cause des progrès technologiques, les agriculteurs et les industriels produisaient, depuis plusieurs années, plus qu'ils ne pouvaient vendre. Cette situation avait provoqué un déclin de la production industrielle durant l'été 1929.

Cependant, le krach aggrava considérablement cette situation économique critique. La richesse américaine était très inégalement répartie. Soixante pour cent des Américains vivaient sous le seuil de pauvreté. Seule une minorité de gens aisés profitaient du boum sur les produits de consommation et ils n'étaient pas assez nombreux pour absorber l'augmentation de la production. Le krach atteignit cette catégorie de la population plus durement que les autres. La santé de l'économie dépendait en grande partie de leur richesse. Quand ils furent affectés par la crise, l'économie le fut aussi.

Les chansons populaires américaines de l'époque reflètent le passage de l'optimisme au désespoir. En 1930, les gens chantaient *Happy Days Are Here Again* (Les jours heureux sont revenus), mais le revenu national chuta de 87 milliards à 75 milliards de dollars. En 1931, une chanson à succès s'intitulait *I've Got Five Dollars* (J'ai cinq dollars) et le revenu national chuta à 59 milliards. En 1932, il tomba à 42 milliards et le désespoir ambiant fut parfaitement résumé par les paroles de *Brother, Can You Spare a Dime ?* (Tu n'as pas une petite pièce, mon frère ?).

Pendant la grande dépression, la sécheresse transforma le centre des États-Unis en désert de sable. Cette photographie montre une voiture ensevelie par la poussière à Dallas, dans le Dakota du Sud.

Un moment historique

Le dimanche 14 avril 1935 est une journée chaude, mais une brise légère souffle du sud-ouest. Soudain, un nuage noir apparaît à l'horizon. Les oiseaux tentent de fuir, mais le nuage se déplace à près de 100 km/h et ils ne peuvent échapper à sa fureur. Les gens se barricadent dans les maisons, calfeutrent les portes et les fenêtres avec des chiffons et se nouent des mouchoirs sur leur visage. Le nuage de poussière assombrit le ciel.

C'était l'une des nombreuses tempêtes qui ravagèrent, pendant trois ans, le Texas, l'Oklahoma, le Kansas et le Colorado. Cette région, baptisée Dust Bowl (désert de poussière), connut la pire période de sécheresses, de tempêtes de poussière, de tornades et d'inondations de son histoire. Ce désastre écologique se produisit au même moment que la crise économique qui fit chuter les prix agricoles et ruina de nombreux agriculteurs.

AU COURS DE LA CAMPAGNE PRÉSIDENTIELLE de 1928, Herbert Hoover avait déclaré : « Nous sommes aujourd'hui plus proches que jamais de l'abolition de la pauvreté et du désespoir de vivre. » Un an plus tard, le krach plongeait les États-Unis dans la plus grave crise économique de leur histoire.

Il est probable que, sans le krach et la grande dépression, Hoover aurait été considéré comme un bon président. Il fut populaire jusqu'en 1930. Mais quand survint la crise, il ne parvint pas à soulager les souffrances des Américains ni même à paraître compatissant. Il professait un individualisme forcené et pensait que les gens devaient lutter seuls, sans compter sur le soutien du gouvernement. Hoover refusa d'accorder des aides aux Américains les plus pauvres. Il estimait qu'elles affaibliraient leur volonté et les rendraient trop dépendants du gouvernement. Hoover voulait aussi un budget équilibré et était donc peu favorable aux aides sociales qui auraient endetté le gouvernement. Mais ce choix ne fut pas le bon, car une augmentation

Ce dessin humoristique des années 1930 illustre la vision populaire de Hoover, en président insensible aux souffrances des Américains. (« Il paraît qu'il n'y a eu aucune dépression ! ».

"IT SEEMS THERE WASN'T ANY DEPRESSION AT ALL!"

des dépenses aurait été nécessaire afin de soulager tous les chômeurs en difficulté et d'augmenter la consommation.

De nombreux chômeurs avaient perdu leur foyer et vivaient dans les rues. Ils commencèrent à ériger des bidonvilles aux abords des villes. Certains construisirent, par exemple, des abris à l'aide de caisses d'oranges. Une famille vécut dans une caisse de piano. Les sans-logis baptisèrent ces bidonvilles les « Hoovervilles », car ils estimaient que le président ne faisait rien pour les aider. En 1932, Hoover finit par approuver une politique de prêt aux États afin qu'ils aident les plus démunis. Mais ce programme, peu ambitieux, ne parvint ni à aider les pauvres ni à relancer l'économie.

Pendant l'été 1932, des milliers d'anciens combattants de la Première Guerre mondiale dans le besoin formèrent la Bonus Army (armée des primes) et dressèrent un camp à Washington. On leur avait promis une indemnité (bonus), mais ils ne devaient pas la percevoir avant 1945. Ils venaient faire pression sur le Congrès afin qu'il avançât la date de paiement. Hoover, opposé au paiement de l'indemnité et qui redoutait des troubles de l'ordre public, envoya le général Douglas MacArthur et ses soldats disperser les anciens combattants.

Après l'intervention de MacArthur, la popularité de Hoover s'effondra. Il perdit l'élection de 1932 au profit du candidat démocrate Franklin D. Roosevelt.

Un moment historique

À Washington, le 28 juillet 1932 à 16 h, des soldats américains menés par le général Douglas MacArthur descendent Pennsylvania Avenue. Ils chassent les anciens combattants de la Bonus Army de leur campement qu'ils incendient. À 20 h, cette partie de la ville est dégagée. Des centaines de personnes ont reçu des coups et ont été victimes de gaz lacrymogènes. En dépit des instructions de Hoover, MacArthur envoie ses troupes de l'autre côté de la rivière Anacostia pour incendier l'autre camp de la Bonus Army. Une colonne d'anciens combattants accablés, accompagnés de 600 femmes et enfants, doivent abandonner leur campement de fortune.

Les membres de la Bonus Army sont dispersés par les soldats équipés de gaz lacrymogènes. Dix mille anciens combattants furent chassés de leur campement ce jour-là.

Le président Roosevelt utilisa la radio pour ses « causeries au coin du feu ». Il réussit remarquablement à expliquer sa politique aux Américains, de manière simple et claire.

QUAND ROOSEVELT devint président des États-Unis le 4 mars 1933, la grande dépression était à son comble. Il y avait plus de 16 millions de chômeurs et le système bancaire s'était écroulé. Roosevelt comprit qu'il devait à la fois soulager les souffrances des pauvres et des chômeurs et relancer l'économie. Il n'avait pas de remède miracle, mais il était plus ouvert que l'inflexible Hoover, ce qui plut aux Américains.

Le New Deal (Nouvelle Donne) est le nom donné au programme mis en œuvre par Roosevelt pour sortir les États-Unis de la grande dépression. Pendant la première année de son mandat, Roosevelt prit des mesures visant à relancer la consommation. Il obligea les employeurs à payer des salaires décents et à pratiquer des prix raisonnables. Il aida les agriculteurs en créant l'AAA (Agricultural Adjustment Administration) qui leur acheta les surplus agricoles et leur proposait des indemnités pour réduire leur production. Cela permit une remontée des prix agricoles. Pour lutter contre le chômage, Roosevelt lança d'importants projets de travaux publics : écoles, tribunaux, ponts et barrages. Il créa ainsi des milliers d'emplois. Sur le plan social, le Social Security Act de 1935 prévoyait le paiement d'indemnités aux chômeurs et aux retraités.

Roosevelt apporta aussi d'importants changements dans la structure de l'économie américaine. Il fallait réformer d'urgence le système bancaire affaibli par le krach de 1929. Une loi fut votée pour permettre aux petits épargnants de ne pas perdre tout leur argent en cas de fermeture de leur banque. Elle empêchait les établissements bancaires de spéculer sur leurs propres actions comme ils l'avaient fait en 1929.

Des ouvriers de la WPA élargissent une route. La WPA créa non seulement des emplois, mais exécuta aussi des travaux publics très utiles.

Quelques agences du New Deal

Le Civilian Conservative Corps (CCC) (Agence civile pour l'environnement) fournit du travail temporaire à quatre millions de personnes qui défrichèrent et plantèrent des forêts.

La Works Progress Administration (WPA) construisit et répara des routes, des bâtiments publics, des bibliothèques, des hôpitaux et des écoles.

La Tennessee Valley Authority (TVA) permit la mise en valeur d'une des régions les plus touchées par la crise grâce à la construction de barrages et l'exploitation des ressources hydroélectriques.

La National Recovery Act (NRA) encouragea les employeurs à payer des salaires équitables et à accepter les syndicats.

Joseph Kennedy, président de la SEC, et riche spéculateur de Wall Street, fut accusé de s'être livré aux pratiques douteuses que la SEC devait combattre.

La loi augmenta aussi le pouvoir de la banque centrale en lui permettant de contrôler les activités bancaires et d'interdire les opérations à terme si elle le jugeait nécessaire. En 1934, une commission des opérations de Bourse (Securities and Exchange Commission) fut créée pour éviter les pratiques spéculatives douteuses de la fin des années 1920.

Pour aider les sans-logis, le gouvernement de Roosevelt créa la US Housing Authority (Agence américaine du logement) chargée de détruire les taudis et de construire de nouveaux logements bon marché. Il créa aussi une agence de prêt, la Home Owners Loan Corporation, qui permit aux Américains d'acheter leur logement sans risquer de le voir saisi par les banques.

Le New Deal procura de l'aide, un emploi et un logement à des millions de personnes. La reprise économique tarda cependant à venir et la crise ne s'acheva vraiment qu'en 1941, lorsque les États-Unis entrèrent en guerre.

La fermeture d'une banque allemande. En juillet 1931, les Allemands se ruèrent dans les banques pour retirer leur argent. Le gouvernement décida alors de fermer toutes les banques.

L'ONDE DE CHOC DU KRACH DE WALL STREET atteignit le monde entier. Pendant la prospérité des années 1920, les banques américaines avaient accordé des prêts importants aux pays européens afin de relancer leur économie après la Première Guerre mondiale. Après le krach, les États-Unis demandèrent le remboursement de ces prêts, ce qui eut des conséquences désastreuses sur les économies européennes.

Les États-Unis augmentèrent considérablement leurs taxes sur les produits d'importation afin de protéger leurs propres industries. Les Européens prirent immédiatement des mesures similaires, ce qui entraîna un ralentissement des échanges internationaux et une augmentation du chômage. En 1931, un quart des travailleurs britanniques étaient au chômage. Au Danemark, la dépression entraîna une baisse de 40 % du nombre de travailleurs.

L'Allemagne fut la plus touchée, car elle avait effectué des emprunts auprès des États-Unis non seulement pour reconstruire son économie après la guerre, mais aussi pour payer des réparations de guerre aux nations victorieuses. Quand elle fut touchée par la dépression, la production industrielle allemande fut réduite presque de moitié et 20 % de la population se retrouva au chômage en l'espace de trois ans, entre 1930 et 1933.

La crise économique provoqua une agitation sociale et politique. Dans de nombreux pays européens, une partie de la population, insatisfaite par les démocraties, se tourna vers un extrémisme politique. Les communistes prédirent la fin du capitalisme. Les fascistes tentèrent de canaliser les rancœurs de la population vers un nationalisme agressif et accusèrent les « étrangers » d'être responsables de la situation économique. Le désespoir incita de plus en plus de gens à se tourner vers des solutions extrêmes.

En 1929, le parti national-socialiste allemand - le parti nazi - ne comptait que 170 000 membres. Mais après la crise économique provoquée par le krach de Wall Street, le parti nazi gagna une dimension nationale. En 1932, il rassemblait plus d'un million de membres. Les nazis surent utiliser la misère créée par le chômage et obtinrent de bons résultats aux élections générales. En janvier 1933, leur dirigeant Adolf Hitler devint chancelier. Les conséquences de son accession au pouvoir furent désastreuses pour le monde.

Les relations internationales étaient tendues à cause de la dépression. Les pays commencèrent à se réarmer. Les politiques étrangères devinrent plus agressives, en particulier en Allemagne, en Italie et au Japon. Le monde se dirigeait vers une nouvelle guerre.

Adolf Hitler

" Hitler était un élément qu'il fallait maintenant prendre en compte. Il disait avoir un demi-million de partisans et de nouveaux membres rejoignaient chaque jour le parti. Ses congrès en Rhénanie et en Bavière attirèrent des foules importantes. Hitler n'avait encore jamais fait d'allusion précise à la politique économique qu'il prévoyait pour l'Allemagne, bien qu'il reprochât fréquemment aux « juifs de Wall Street » d'être responsables de la ruine de l'Amérique. La population juive allemande ne s'éleva pas contre son antisémitisme comme si elle espérait, en ne s'opposant pas à lui, qu'il disparaîtrait. "

Gordon Thomas et Max Morgan-Witts
(Le jour où la bulle éclata, une histoire sociale du krach de Wall Street, 1979).

Hitler pendant un congrès nazi à Dortmund, dans les années 1930. La misère provoquée par la crise économique fit considérablement grossir les rangs du parti nazi.

La banque fédérale de New York, l'une des douze banques nationales, fut la première à baisser les taux d'intérêt en 1927, encourageant ainsi la folie spéculative qui mena au krach. Le FRB, qui surveillait les activités bancaires dans le pays, n'eut aucune réaction.

AURAIT-ON PU ÉVITER LE KRACH de Wall Street ? Les folies spéculatives, quand elles sont lancées, génèrent leur propre énergie et deviennent très difficiles à arrêter autrement que par un krach. Les personnes capables de mettre un terme à la folie en sont généralement les principales victimes.

Ce fut certainement le cas pour la période de spéculation entre 1924 et 1929. Les hommes qui avaient les moyens de faire baisser la fièvre - Charles E. Mitchell, John J. Raskob et Richard A. Whitney - étaient personnellement engagés dans la prospérité. Ils avaient parié leur fortune sur sa poursuite, et il était donc peu vraisemblable qu'ils tentent d'y mettre un terme.

La banque centrale (FRB) était certainement consciente des risques de krach au début de 1929. Elle aurait pu solliciter du Congrès le pouvoir d'effectuer des appels de couverture afin de réduire les emprunts des spéculateurs pour acheter des actions. Si elle l'avait fait, si elle avait averti les investisseurs des dangers d'une spéculation boursière aussi imprudente, elle aurait peut-être évité le krach. La bulle spéculative se serait dégonflée sans éclater. Comme l'a souligné l'historien J. K. Galbraith, le FRB était malheureusement à cette époque d'une « incompétence étonnante ». Aucun de ses membres ne voulait risquer sa carrière ou sa réputation en mettant prématurément fin à la prospérité. Ils craignaient de provoquer un krach important et gardèrent donc le silence.

Mais que se serait-il passé s'ils avaient agi et s'il n'y avait pas eu de krach ? Il n'y aurait pas eu de crise bancaire, pas de demande pressante de remboursement de prêts à l'étranger, pas de banqueroutes à grande échelle et pas de fermetures d'entreprises. Le monde se dirigeait certainement vers une récession économique. Mais, sans le krach, les années 1930 n'auraient pas été une période aussi difficile et n'auraient pas connu un tel chômage ni une telle misère.

Un moment historique

Le 24 octobre 1929, une foule s'est rassemblée dans la galerie des visiteurs de la Bourse de New York pour assister à l'agitation qui règne sur le parquet. Parmi les spectateurs se tient Winston Churchill, le futur Premier Ministre britannique. Il s'interroge peut-être sur sa part de responsabilité dans le déclenchement de cette panique.

Dans les années 1920, Churchill, alors ministre des Finances, mena une politique qui aboutit à un renforcement de la livre face au dollar. La Grande-Bretagne attira donc moins d'acheteurs et d'investisseurs que les États-Unis. En 1927, elle demanda au FRB de baisser ses taux d'intérêt afin de remettre les deux pays sur un pied d'égalité. Le FRB satisfit cette demande et déclencha ainsi le boum et la fièvre spéculative qui menèrent au krach.

Winston Churchill lors d'une visite aux États-Unis en 1929. Il quitta le pays, un peu moins riche, après avoir vu ses actions perdre une bonne partie de leur valeur au cours du krach.

Une récession normale n'aurait peut-être pas provoqué, en Europe, une telle agitation sociale et politique qui permit aux nazis d'accéder au pouvoir en Allemagne. Sans un gouvernement nazi, il n'y aurait probablement pas eu d'agression militaire à la fin des années 1930. Cela aurait peut-être permis d'éviter la Deuxième Guerre mondiale et toutes ses conséquences durant la seconde moitié du XXe siècle. La guerre se serait cependant déclenchée sans le krach si elle avait été provoquée par d'autres événements, tel un coup d'État des nazis. Mais l'on peut penser que le krach rendit la guerre presque inévitable.

Le désespoir d'un agent de change le lundi noir, lorsque la Bourse perdit presque un quart de sa valeur en une journée.

PENDANT LES TRENTE ANNÉES qui suivirent le krach, seuls les Américains les plus riches continuèrent à spéculer en Bourse. Mais les souvenirs s'effacèrent peu à peu. Le gouvernement avait mis en place des moyens de contrôle pour éviter un nouveau krach. Les générations suivantes s'intéressèrent donc de nouveau à la Bourse.

Il y a eu plusieurs accès de fièvre spéculative depuis 1929. L'un d'entre eux provoqua un nouveau krach le 19 octobre 1987, jour où la Bourse connut la plus grande baisse de son histoire : l'indice des valeurs chuta de 508 points. Ce krach marqua la fin d'une période de hausse qui vit l'indice passer de 776 points (en août 1982) à 2722 points (en août 1987). Mais le lundi noir de 1987 n'eut pas de conséquences aussi dramatiques que le mardi noir de 1929. Cette fois, la banque centrale agit de manière décisive en servant de source de liquidités et en achetant des actions, ce qui permit aux entreprises et aux banques touchées par le krach de ne pas faire faillite. Le marché se ressaisit rapidement et, en septembre 1989, il avait regagné son niveau d'avant le krach.

En 2000, le marché connut un nouveau krach semblable à celui de 1929 mais, cette fois, seul un type d'actions était concerné. Les deux krachs furent précédés de dix ans de prospérité relative et d'une hausse continue du marché. Il y eut, dans les deux cas, l'apparition d'une nouvelle technologie : la radio dans les années

1920 et l'Internet dans les années 1990. Ce dernier provoqua une passion digne des années 1920 et tout le monde se précipita pour investir dans les *dot-com*, sociétés de vente sur l'Internet. La plupart se révélèrent déficitaires, mais les spéculateurs s'obstinèrent, même quand le cours de leurs actions s'effondra au printemps 2000. En été, la bulle spéculative avait pris une telle importance qu'une *dot-com* peu connue, la société Corvis, eut pendant quelque temps une valeur

Un agent de change sur le parquet de la Bourse de New York pendant la bulle spéculative de 2000.

supérieure à celle de la General Motors. En automne, une autre baisse des cours fit perdre au marché plus de trois mille milliards de dollars. L'effondrement du secteur des *dot-com* de 2000 fut l'une des principales causes de la récession économique mondiale de 2001.

La faiblesse du marché et l'espoir de devenir rapidement riche restent des éléments constants. Toutes les périodes de spéculation débutent par une occasion raisonnable. Mais il est facile de voir que, lorsque les spéculateurs se précipitent pour acheter des actions, leur cours peut grimper au point de ne plus avoir aucun rapport avec la valeur d'une société. Plus les bénéfices escomptés semblent importants, moins les spéculateurs acceptent de voir les risques, et plus ils sont, au contraire, tentés de croire que le marché continuera à grimper. C'est ce qui arriva en 1929 et c'est ce qui se passera de nouveau.

La bulle technologique de 2000

Lors de chaque folie spéculative, les investisseurs croient que cette fois sera différente et qu'ils ne peuvent échouer. En 2000, ils ignorèrent les leçons de 1929. Les Américains investirent un total de 330 milliards de dollars dans les *dot-com*. Comme en 1929, l'offre sur le marché des nouvelles technologies dépassa la demande. Les cours des actions liées à l'Internet plongèrent ainsi que ceux des actions de la téléphonie mobile, l'autre technologie à la mode. Ils chutèrent considérablement en avril, en octobre, puis de nouveau en décembre.

La Bourse de New York le 17 septembre 2001, jour de sa réouverture après l'attentat du World Trade Center du 11 septembre. Dans les jours qui suivirent l'attentat, l'indice des valeurs connut une baisse record de 684 points. La Bourse fut contrainte de fermer et, à la fin du week-end suivant, trois ans de bénéfices avaient disparu en fumée.

Glossaire

achat à crédit : achat d'actions pour lequel l'investisseur verse un acompte en liquide, le reste du prêt étant garanti par les actions elles-mêmes.

actif : l'ensemble des biens d'une personne ou d'une société.

action : titre de propriété négociable qui représente une fraction du capital d'une société. Une action donne le droit de voter et de recevoir un dividende proportionnel aux bénéfices réalisés par la société.

actionnaire : une personne qui possède des actions d'une société.

agent de change : un intermédiaire professionnel qui fait des opérations financières pour le compte d'un client.

appel de couverture : une demande de liquide faite à un actionnaire afin de soutenir un investissement. De telles demandes se font quand le cours d'actions achetées avec de l'argent emprunté tombe sous un certain seuil et que leur valeur ne garantit plus le prêt.

baisse (jouer à la) : vendre des actions, puis les racheter à un cours inférieur que celui auquel on les a vendues.

baissier : un spéculateur qui joue à la baisse (en anglais *bear*, ours) ; un marché baissier est un marché dans lequel la majorité des valeurs sont en baisse.

banque centrale : la banque qui, dans un pays, assure l'émission de la monnaie et le contrôle du volume de la monnaie et du crédit. Aux États-Unis, la banque centrale est le Federal Reserve Board (FRB).

bidonville : une agglomération d'abris précaires où la population la plus misérable vit sans confort ni hygiène.

biens de consommation : les objets achetés pour l'usage domestique, comme les automobiles et les machines à laver.

boum : une prospérité soudaine et peu fiable.

boum immobilier : une augmentation rapide du nombre de ventes et d'achats des terrains et des maisons.

Bourse : une institution où est organisé le marché des valeurs.

budget équilibré : la situation dans laquelle les dépenses d'un pays sont égales à ses recettes.

capitalisme : un système économique dans lequel le commerce et l'industrie sont contrôlés par des personnes privées dont l'objectif est de faire des profits.

communisme : un système économique et politique dans lequel le commerce, la production et la propriété sont contrôlés par l'État.

Congrès : aux États-Unis, l'assemblée qui débat des lois et les vote.

corbeille : espace circulaire, entouré d'une balustrade, réservé aux agents de change.

crédit : un type d'achat dans lequel l'acheteur paie en plusieurs fois.

démocrate (parti) : un des deux grands partis américains.

démocratie : une forme de gouvernement dans laquelle le peuple détient le pouvoir.

dépression économique : une crise qui se caractérise par une baisse de l'activité économique, de la consommation et par un taux de chômage élevé.

dividende : une fraction du bénéfice qu'une société distribue à ses actionnaires, proportionnellement aux actions qu'ils possèdent.

Dow Jones : l'indice des valeurs à la Bourse de New York.

extrémisme politique : des idées politiques qui manquent de modération.

fascistes : les partisans d'un régime politique autoritaire qui contrôle l'économie et limite les libertés individuelles.

Federal Reserve Board (FRB) : la banque centrale des États-Unis.

fonds : un capital, une somme d'argent.

hausse (jouer à la) : vendre des actions, puis les racheter à un cours supérieur que celui auquel on les a vendues.

haussier : un spéculateur qui joue à la hausse (en anglais *bull*, taureau) ; un marché haussier est un marché dans lequel la majorité des valeurs sont en hausse.

hypothéquer : accorder à un créancier un droit sur un immeuble en garantie du paiement d'une dette.

indice des valeurs boursières : un indicateur qui sert à mesurer et à enregistrer les variations des cours d'un certain groupe d'actions. Celui de la Bourse de New York est le Dow Jones et celui de la Bourse de Paris le CAC 40.

infrastructures : un ensemble d'équipements techniques ou économiques d'un pays (les infrastructures routières, par exemple).

nationalisme : l'attachement à la nation à laquelle on appartient. Dans sa forme extrême, cet attachement mène au mépris, voire à la haine des autres nations, et à l'isolement.

New York Stock Exchange (NYSE) : la Bourse de New York appelée communément Wall Street, du nom de la rue où elle se trouve.

parquet : partie de la Bourse où se tiennent les agents de change pendant le marché.

pneumatique : se dit d'un appareil qui fonctionne à l'air comprimé.

points : lorsque l'on parle des cours de la Bourse de New York, les points sont des dollars.

programme d'aide sociale : une politique d'aide aux plus démunis, leur garantissant des soins médicaux, l'accès aux services sociaux et des aides financières.

récession : un recul de la production et des investissements.

redressement : le rétablissement des cours après une chute.

républicain (parti) : un des deux grands partis américains.

Sénat : l'une des deux Chambres qui forment le Congrès américain. L'autre est la Chambre des représentants.

société d'investissement : une société spécialisée dans la gestion de portefeuilles d'actions. Un particulier peut acheter des actions de cette société. La valeur de cette action évolue avec celles des actions possédées par la société d'investissement.

spéculateur : une personne qui réalise des opérations financières consistant à acheter des actions dans le but de réaliser des gains intéressants en prenant des risques calculés.

syndicat : une organisation dont l'objectif est la défense des droits des travailleurs.

taux d'intérêt : le taux variable auquel les banques prêtent de l'argent.

taxes à l'importation : les taxes payées par un producteur qui vend ses produits à l'étranger.

téléscripteur : un appareil de transmission électrique qui permet de communiquer les cours de la Bourse.

transaction : une opération d'achat ou de vente effectuée à la Bourse.

Chronologie

1817 Création de la Bourse de New York à Wall Street.

1837 et 1857 Les premiers cas de folie spéculative et de panique à la Bourse américaine.

1914-1918 Première Guerre mondiale.

1920 Les femmes américaines se voient accorder le droit de vote. Début de la prohibition.

1924 Le nombre d'Américains possédant un appareil de radio atteint deux millions et demi.

1925-1926 Boum foncier en Floride.

1927 Charles A. Lindbergh est le premier à traverser l'Atlantique, seul et sans escale, à bord de son monoplan. Sortie du premier film parlant.
La banque centrale des États-Unis accepte de baisser les taux d'intérêt, ce qui déclenche une vague de spéculation boursière.

14 février 1929 Massacre de la Saint-Valentin. La banque fédérale de New York augmente les taux d'intérêt.

26 mars 1929 Minikrach à la Bourse. 8,2 millions d'actions sont échangées, ce qui constitue un record.

3 septembre 1929 Le marché américain atteint des sommets : l'indice des valeurs est à 382 points.

24 octobre 1929 Le jeudi noir. La Bourse connaît des ventes massives : près de 13 millions d'actions. Les cours s'effondrent, puis se redressent dans l'après-midi. À la fermeture de la séance, l'indice boursier est à 299 points.

28 octobre 1929 Une nouvelle journée de panique et de vente massive : plus de 9 millions d'actions sont vendues. L'indice chute à 261 points.

29 octobre 1929 Le mardi noir, la journée la plus catastrophique dans l'histoire de la Bourse. 16,4 millions d'actions sont échangées. L'indice tombe à 218 points.

1930 Des banques et des sociétés ferment ; le chômage augmente considérablement. Les États-Unis et le reste du monde commencent à sombrer dans la dépression.

Juillet 1932 L'indice des valeurs boursières atteint son niveau le plus bas à 41 points.

28 juillet 1932 Le président Hoover envoie l'armée contre la Bonus Army.

1933 Création de la Security and Exchange Commission (Commission des opérations boursières) chargée de surveiller la Bourse.

Janvier 1933 Adolf Hitler et les nazis arrivent au pouvoir en Allemagne.

4 mars 1933 Franklin Delano Roosevelt est élu président des États-Unis.

19 octobre 1987 Le lundi noir : l'effondrement le plus important de l'histoire de la Bourse.

11 septembre 2001 Les attentats terroristes du World Trade Center provoquent une fermeture temporaire de la Bourse et une chute record de l'indice des valeurs.

À Wall Street, cette statue de taureau commémore la longue période de marché haussier *(bull market)* des années 1920.

Index